Seid ihr schon wach?

Michel Gay, geboren 1947, wuchs in einer Musikantenfamilie in Lyon (Frankreich) auf.
Seit 1975 schreibt und illustriert er Bücher für Kinder und zählt
zu den bekanntesten französischen Illustratoren.
Michel Gay lebt in Paris.
Bei MINIMAX erschien von ihm bisher das Zeo-Bilderbuch
Eine Dose Kussbonbons

Herausgegeben in Zusammenarbeit mit dem Moritz Verlag
von Markus Weber

Dieses Buch ist erhältlich als:
ISBN 978-3-407-76135-4 Minimax

Erstmals als MINIMAX bei Beltz & Gelberg im August 2014
© 2014 Beltz & Gelberg
in der Verlagsgruppe Beltz · Weinheim Basel
Werderstraße 10, 69469 Weinheim
Alle Rechte für diese Ausgabe vorbehalten
Lizenzausgabe mit freundlicher Genehmigung des Moritz Verlags, Frankfurt am Main
© 1999 Moritz Verlag, Frankfurt am Main
Die französische Originalausgabe erschien 1998 unter dem Titel *Zou*
© 1998 l'école des loisirs, Paris
Druck und Bindung: Beltz Grafische Betriebe, Bad Langensalza
Printed in Germany
3 4   21 20

Weitere Informationen zu unseren Autor_innen und Titeln
finden Sie unter: www.beltz.de

Michel Gay

Seid ihr schon wach?

Aus dem Französischen von Markus Weber

Sobald Mama und Papa wach sind,
darf Zeo zu ihnen ins Bett schlüpfen.

Klopf, klopf!
»Seid ihr schon wach?«, fragt Zeo.
»Nein, wir schlafen noch!«

Wie kann ich sie nur aufwecken,
ohne dass sie mit mir schimpfen?

Na klar: Mit Kaffee!

Mit viel Kaffee.

In zwei großen Tassen.
Mit Zucker. Und Cornflakes.
Und ein bisschen Marmelade.

Das wird ein großes, feines Frühstück.

Zeo balanciert das Tablett vorsichtig zum Schlafzimmer.

Rums!

Jetzt kann Zeo von vorne anfangen!

Aber es ist fast kein Kaffee mehr übrig.

Nicht mal für die allerkleinste Tasse reicht es noch …

Um Mama und Papa *richtig* wach zu machen,
braucht Zeo auch richtig volle Tassen.

Das Puppengeschirr!
Dafür ist bestimmt genug Kaffee da.

Ja, sogar für das Kännchen reicht es noch.

Das wird ein feines, kleines Frühstück –
und leicht zu tragen ist es obendrein.

Klopf, klopf, klopf!
»Frühstück!«, ruft Zeo.

»Mmmmhh, wie gut das duftet!«,
sagen Mama und Papa.
»Das macht uns wach!«

Aber für große Mamas und Papas ist es gar nicht einfach,
kleine, feine Puppentassen festzuhalten.

»Lasst mich zu euch ins Bett«, sagt Zeo,
»ich helfe euch.«

»Ein Tässchen für Mama …

ein Tässchen für Papa …«

»Danke, Zeo!
Das war ein leckeres Frühstück!«

So ein kleines Frühstück ist eine feine Sache,
aber *richtig* wach wird man davon nicht.
Und so schlafen Mama, Papa und Zeo
gemeinsam noch eine Runde …

In der Reihe

sind über 150 Titel lieferbar, unter anderem diese:

Kathrin Schärer
Zwei dicke Freundinnen
978-3-407-76218-4

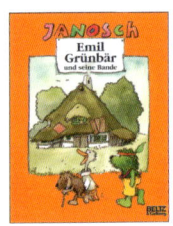

Janosch
**Emil Grünbär
und seine Bande**
978-3-407-76220-7

Ernst Jandl / Norman Junge
ottos mops
978-3-407-76209-2

Marianne Dubuc
Briefträger Maus
978-3-407-76213-9

Eitaro Oshima
Der Tiger und die Katze
978-3-407-76219-1

Siri Melchior
**Rita und Kroko
suchen Kastanien**
978-3-407-76217-7

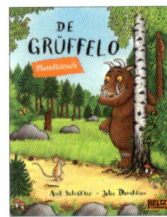

Axel Scheffler /
Julia Donaldson
**De Grüffelo
Plattdeutsche Ausgabe**
978-3-407-76207-8

Catharina Valckx
Pfoten hoch!
978-3-407-76212-2

Nikolaus Heidelbach
Die dreizehnte Fee
978-3-407-76221-4

Helme Heine
Der Besuch
978-3-407-76210-8

Chris Wormell
Ein kluger Fisch
978-3-407-76222-1

Helga Bansch
Ein schräger Vogel
978-3-407-76214-6

Außerdem ist »Der Grüffelo« in folgenden Ausgaben erhältlich:
»Der Grüffelo« Schweizerdeutsche Ausgabe: 978-3-407-76208-5
»Der Grüffelo« Kölsche Ausgabe: 978-3-407-76215-3
»Dr Grüffelo« Schwäbische Ausgabe: 978-3-407-76216-0

Alle MINIMAX Titel finden Sie auf unserer Homepage:
www.beltz.de/minimax